10歳までに差がつく！

サッカー「超実践」上達レッスン

動画でわかる スキルと練習のコツ

▶ ▶❙ 🔊

リッカー家庭教師
谷田部 真之助 監修

JN223050

Mates-Publishing

サッカーを「正しく」学ぼう!

「サッカーがうまくなりたい! だけど、どうやってもうまくならないし、うまくできないんです」

こんな悩みを持っている子どもはたくさんいることでしょう。うまくならない、うまくできないのはなぜだと思いますか?

その答えはカンタンです。「やりかた」を知らないからです。

この本を手にとってくれた皆さんは、地域のサッカークラブに所属している方がほとんどだと思いますが、コーチの言っていることがわからなかったり、指示された練習をなんとなくおこなって時間を過ごしているだけになっていませんか? これではいつまでたってもうまくなることはありません。

　サッカーを正しく学ばないと、ちゃんとした基礎を身につけていかないといけないのです。

　「できない人」なんていません。きちんと学べば誰でもうまくなります。たとえ運動神経が悪くても、正しい基礎を練習すれば、必ずうまくなっていきます。

　基礎とは、サッカーのキックやトラップなどのテクニックはもちろんですが、カラダをどう動かしていくか、運動するための「動作」を習得することが大切です。

　この動作を「正しい手順」で練習していけば、何事もうまくいきます。ヒントさえつかむことができれば、「できない」という不安も解消されます。

　我々のようなプロコーチは、悩みを持つ子どもたちが、集中してサッカーに取り組める環境を作り上げています。そして、本書を読んで実践してもらえれば、正しい手順での動作やテクニックを習得することができます。

正しい「手順」で練習しよう!

　本書は「正しい手順」を大事にしています。

　ボールを使った練習の前に、「立ちかた」「歩きかた」「走りかた」など、カラダの動かしかたを身につける必要があります。ここで紹介している動作は、世界で活躍するトッププロも実践している動きです。

　正しい立ちかたや歩きかたができないと、キックやドリブルなどのフォームがぎこちなく違和感が残ります。動作の違和感をなくしていくには、基礎となる身体操作をおぼえることが大切になります。

　サッカーのボールテクニックがうまくできるかどうかは、フォームがポイントです。フォームが正しくなると「力の出しかた」が向上します。つまり、エネルギーの加えかたです。

　少しむずかしく感じるかもしれませんが、強いボールを蹴るのも、速くダッシュをするのも、カラダの使いかた（フォーム）を正しくすればいいのです。

　「まだ小学生で筋力がないからロングキックは蹴れない」これは間違った考えです。

　キックであれば、必要なのは筋力ではなく「振り子」や「テコの原理」など、ボールに対して力を加えるための動作をおぼえればいいのです。

　そのコツをつかみさえすれば、誰でもロングキックを蹴ることができます。反復練習なんて必要ありません。コツさえつかめば、たった10分で思いどおりのロングキックを蹴ることができるでしょう。

　最初にお話しましたが、まずは立ちかたと歩きかた（PART1）、そしてジョギング（PART2）にダッシュ（PART3）と、身体操作のコツを身につけてください。

　その手順を踏んだあとに、PART4からのシュート、ドリブル、パス＆トラップ、リフティングやフェイントといったテクニックのコツを習得しましょう。

CONTENTS

10歳までに差がつく! サッカー 「超実践」上達レッスン
動画でわかるスキルと練習のコツ

ALLPLAY動画はここから

https://youtu.be/oEriP8yIHW4

QR 動画の観方

本書の内容の一部は、動画にて動作を見ることができます。該当するページにあるQRコードをスマホやタブレットのカメラやQRコードリーダー機能で読み取り、動画を再生してください。

1 カメラを起動

スマホやタブレットのカメラやQRを読み取るアプリケーション、コードスキャナーを起動します

2 QRを読み取るモード

QRコードを読み取れるモードにします。機種によっては、自動で読み取ることもできます

3 画面にQRコードを表示

画面にQRコードを表示させ、画面内におさめます。機種によっては時間のかかるものもあります

4 表示されるURLをタップ

表示されたURLをタップするとYouTubeに移動します。動画を再生してご覧ください

QRコードを読み取る

動画を観るときの注意点

①動画を観るときは別途通信料がかかります。できるだけ、Wi-Fi環境下で視聴することをおすすめします

②機種ごとの操作方法や設定に関してのご質問には対応しかねます。各メーカーなどにお問い合わせください

PART
1

立ちかたと
歩きかた

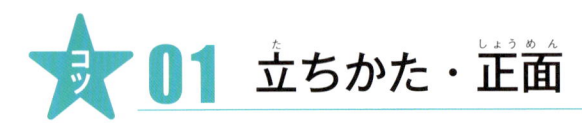

コツ ★ 01 立ちかた・正面

足を肩幅に開き
つま先を前に向ける

これが身につくと… ➡ 次のプレーに速く動けるようになる

★ 胸を張ってしっかり立つ

胸を張りながら、つま先をまっすぐにして立とう

やたべのOne Point

正しく立てないと、いろいろな方向へのステップや次の動作が遅くなる。速く動ける姿勢を意識しよう

テクニック解説

サッカーをするうえで立ちかたを整えるのはとても大切です。立ちかたに問題があると、次の動作にスムーズに動くことができません。ポイントは、足を肩幅に開いてつま先をまっすぐに向けて立つことです。

これはNG!
足を閉じて立つとアンバランスになる

足を閉じてしまうと、カラダのバランスをくずしたときに、すぐによろけてしまう

これはNG!
つま先を外に開くと次の動きが遅くなる

つま先をまっすぐにせずに外に開いてしまうと、次の一歩が遅くなってしまう

背すじを伸ばして前に体重をのせる

これが身につくと… ➡ 0の状態から動けるようになる

★ 背すじを伸ばし親指体重にする

胸を張ることで背すじは自然と伸びる

やたべのOne Point

ボクシングのファイティングポーズをイメージしよう。足の親指に体重をのせることで、次の動きが速くなるよ

テクニック解説

ルーズボールを追いかけたり、突然来たボールに反応したりするには、速く動けないといけません。普段の立ちかたがカカト体重だったり、姿勢が曲がっていると、動きが遅れてプレーが遅くなる原因となります。

これはNG！

カカト体重では速く動けない

カラダがのけぞりカカト体重になるのはNG。この姿勢からすぐに動きだすのはむずかしい

これはNG！

ボールを見すぎる選手に多い姿勢

頭が下がってカラダが折れてしまう姿勢もNG。ボールを見すぎる選手に多い姿勢だ

足を低く前に動かし平行移動させよう

これが身につくと… ➡ **軸がブレずに動けるようになる**

★ カラダを平行に移動させる

やたべのOne Point

自然体のまま歩くことがポイントだよ。上半身もあまり動かさないように意識しよう

足を前に低く動かすイメージで歩こう

1　**2**

テクニック解説

動画を CHECK

次は、立ち姿勢をキープしたまま歩いてみましょう。注意したいのはキビキビ歩かないことです。足を低く平行移動させるようなイメージで、スーッと流れるように歩きます。こうすることでカラダの軸が安定します。

頭が上下動しないように。平行に移動していこう

3

これはNG!

足を後ろに蹴り上げて歩くのはNG

足を後ろに蹴り上げる動きはNG。こうするとボールを前で触れなくなる。顔が下がらないようにも気をつけよう

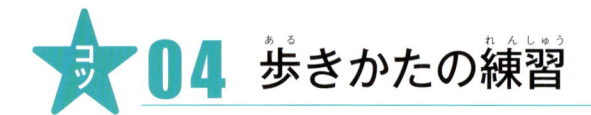

歩きかたの練習

缶ポックリと竹馬で歩きかたのイメージ作り

これが身につくと… ➡ 正しい歩きかたのコツがわかる

★ 缶ポックリで歩く

缶にひもを通し足をのせて歩く、缶ポックリで練習しよう

やたべのOne Point
缶ポックリをすることで、ひもをもつ手（肩）から動かす意識がつかめるよ

1

2

テクニック解説

正しい歩きかたのイメージがつかめない人は、缶ポックリや竹馬で練習してみましょう。足を動かすときに、股関節からではなく、肩を支点にして動かすイメージをつかむことができます。

動画を CHECK

★ 竹馬で歩く

やたべのOne Point

竹馬をもつ手を前に出すようにしよう。2軸で歩くイメージをつかむことができるよ

2本の竹に足がかりをつけた竹馬で練習しよう

1

2

日常とサッカーを結びつけよう

　早く上達したいと願う人は多いと思います。コツをつかむのが早い人は、上達スピードも上がります。また、日頃から意識をするだけでもだいぶ違います。日常とサッカーを結びつけるのです。

　普段、道を歩くときに、正しいフォームを意識して歩けば、自然とサッカーに必要な身体操作になるでしょう。サッカーの動きを日常に置き換えてイメージしながら動いていけば、ナチュラルな動作になります。

　そして、徐々に意識をせずとも自然とその動きができるようになれば、ぎこちなさがなくなり、サッカーのプレーにも必ず生かせます。

PART

2

ジョギング

しゃべれるくらいの
呼吸とスピードで走ろう

これが身につくと… ➡ 自然体で走れるようになる

★ しゃべれるくらいのペース

チームメイトと会話をしながらジョギングするくらいがペースの目安

やたべの One Point

呼吸を乱さないようにしよう。しゃべれるくらいが一番カラダの力が抜けて自然体で走れるよ

テクニック解説

動画を CHECK

ジョギングは走りかたの基本です。プロサッカー選手も、普段の練習やウォーミングアップでジョギングをおこないます。大切なのは呼吸を乱さないペースで走ることです。がんばりすぎは禁物です。

これは**NG!**

キビキビ走ってはダメ

「さあ走るぞ！」と気持ちをいれすぎないようにしよう。キビキビ走らずダラダラ走るように意識する

脱力した自然体の フォームで走ろう

これが身につくと… ➤ **力みのとれたフォームになる**

★ 自然体のジョギングフォーム

片足をつねに地面につけて走るのがポイント

1

2

テクニック解説

動画を
CHECK

一定速度で走るのがジョギングのポイントです。そのためには、筋肉を使って走るのではなく惰性で走る意識を持ちましょう。片足がつねに地面についているように。脱力した自然体のフォームが大切です。

やたべのOne Point
一生懸命走る必要はない。足が空中に浮くようなキビキビ走りはフォームを崩してしまうよ

力むことなく一定速度で走ろう

3

4

腕の振りかた、足の使いかた 姿勢の3点に注意しよう

これが身につくと…➡ 正しいフォームで走れるようになる

これはNG!

後ろでヒジを伸ばし きってしまうのはNG

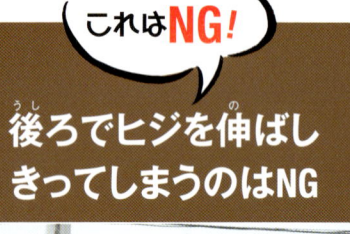

走るときに後ろでヒジが伸びきってしまうと、腕の力が抜けてしまい手を使うことができなくなる

これはNG!

足を蹴り上げるのは 力みを生む原因

足を後ろに振り上げてしまうのは、ムダな力を使っている証拠。力みとなりリラックスしたプレーができなくなる

テクニック解説

ジョギングフォームが正しくないとサッカーのプレーにも影響します。次のプレーへの反応が遅れたり、速く走ることもできず、ドリブルもうまくできません。腕や足の使いかたや姿勢に注意して練習しましょう。

これはNG!

頭がひょこひょこと上下動してしまう

頭が上下に動くような走りかたは不安定なフォームといえる。頭を一定に惰性で走るように意識しよう

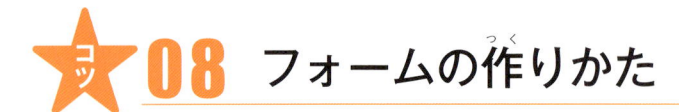

コツ **08** フォームの作りかた

疲れるほどひたすら走れば
力みのないフォームになる

これが身につくと… ➡ **ムダな力が入らないようになる**

★ ひたすら疲れさせる

限界近くまで走ることで、力みのない自然体のフォームになる

やたべのOne Point
走るときにカラダの部位を意識してしまうため力が入ってしまう。フォームを意識させない特効薬がこの練習だよ

テクニック解説

脱力することが正しいジョギングフォームだと説明してきましたが、脱力を知る方法があります。それは、疲れるくらいひたすら走ることです。「もうカラダに力が入らないよ」というくらいがちょうどいいのです。

これはOK!

フォームを意識しすぎない

自然体を作るにはあまりカラダの各部位を意識しないほうがいい。ダラダラくらいでちょうどいい

これはNG!

フォームを意識しすぎてしまう

「足や手をこう動かす！」など意識しすぎると、カラダが力む原因。筋肉は使わず惰性で走ろう

ペットボトルを持ち腕の振りかたをおぼえる

これが身につくと… ➡ 腕の振りかたが自然になる

★ ペットボトルの底を下に向けて走る

やたべのOne Point
腕は振るのではなく自然と揺れるイメージ。手を出したりバランスをとったりつねにできるようにしておこう

両手にペットボトルを持ち、底を下に向けたままジョギングしよう

テクニック解説

動画を
CHECK

走るときに、腕を大きく振ろうとしてしまう子どもが多いです。後ろに手を引いたり腕が伸びてしまうと、プレー中に手をうまく使うことができません。正しい腕の振りかたをペットボトルを使っておぼえましょう。

これは**NG**!

ペットボトルの底が 下を向いていない状態はNG

ペットボトルの底が下を向いていない状態で腕を使うと、手を使いづらくフォームもカッコ悪い。ムダな動きなので注意しよう

パワーアンクルをつけて2軸走法をおぼえよう

これが身につくと… ➤ 上半身を支点に足を動かせるようになる

★ 片足2キロのパワーアンクルをつける

やたべのOne Point

オモリをつけると足だけで動かすのはしんどくなる。上半身を支点に足を振り子のように動かそう

片足2キロくらいのパワーアンクルを装着してジョギングしよう

1

2

テクニック解説

動画を CHECK

走るからといって「足」だけを動かすのは正しいフォームではありません。首や肩など上半身を支点にして動かすことがポイントです。この動きを身につけるために、足にパワーアンクルを装着して練習しましょう。

右足と左足をそれぞれの線上に着地させる2軸走法を意識しよう

3

4

フォームの練習法③ ゴムチューブ

ゴムチューブをつけて全身を使うことをおぼえる

これが身につくと… ➡ カラダを1つにして動けるようになる

★ 両足にゴムチューブをつけて走る

ゴムチューブを両足の足首付近につけてジョギングする

1

2

テクニック解説

動画を
CHECK

足先だけを動かして走ってしまうフォームから、全身を使ったフォームにするために、ゴムチューブを使います。下半身に上半身をきちんとのせないとうまく動けません。この練習をすればカラダを1つにできます。

やたべのOne Point

足先で走るのではなく、カラダの中心から足を出せるように。全身で一気に動けるようになるよ

全身を使ったフォームを意識しよう

3　　**4**

コツ ★ 12　はだしで走る

はだしで走れば
足の動きが自然になる

これが身につくと… ➡ 足の指と足裏のアーチを上手に使える

★ はだしになってジョギング

やたべのOne Point
はだしで走ると、人間本来の足の使いかたが身につくよ。どう足を使えば走りやすいかを知ろう

はだしになって走ることで、足の動きが自然になる

1　**2**

シューズにはクッションがありますので足裏を地面についても痛みはありません。痛みがないとカカトをガシガシつくなど間違った使いかたをしてしまいます。はだしで走ることで、足を丁寧に使うことをおぼえられます。

★ 足の指と足裏のアーチを意識する

やたべの One Point

大切なのは足の指を上手に使って走ること。親指に意識を持ちつつ、足裏のアーチでしっかり着地しよう

足の指と足裏のアーチで地面を踏みしめるように使う

1 2

2軸動作と1軸動作の メリット・デメリット

2軸動作とは、カラダの左右にそれぞれ軸があるという考えで、その2軸を使ってバランスを取りながら動くことです。

一方、1軸動作は、カラダの中心に1本の軸があるという考えで、その1本の軸を支点に動いていくことです。

サッカーにおいては、2軸でプレーしていくほうが技術の幅は広がります。写真のように左右に動けるため、ドリブルやフェイントなどでスムーズなステップができます。また、成長痛や筋肉系のケガが少なくなりますので、カラダへの負担が小さい動作なのです。

まずは意識をするだけでも変わりますので、2軸動作があることだけでもおぼえてください。

PART

3

ダッシュ

★コツ 13 ダッシュの動作イメージ

ネコのダッシュを
イメージしよう

これが身につくと… ➜ **走り出しのスタート力がつく**

★ 効率のよいダッシュのイメージ

やたべぇのOne Point

水泳と同じでカラダが水平になったほうが進みやすい。エネルギー効率のよい動作がポイントだよ

頭を下げてカラダを水平にする

1

2

テクニック解説

動画を
CHECK

サッカーでダッシュが速い選手はとても有利です。ダッシュのイメージは「ネコ」が走り出すときの動きです。頭を下げてカラダを水平にして、スタートの瞬間にカラダをしならせて一気に飛び出すイメージです。

カラダのしなりを使い一気に
飛び出すイメージ

3　　**4**

コツ ★ 14　ポイントは呼吸法

息を吸って止め
吐きながらスタートする

これが身につくと… ➡ ダッシュ時のカラダの動かしかたがわかる

★ 正しく呼吸しながらのダッシュの動き

スタート直前に息を吸って止める

吸う

止める

1

2

テクニック解説

動画を
CHECK

ダッシュのポイントは呼吸です。呼吸を整えないでスタートすると全身の動きがバラバラになってしまいます。写真のように息を吸って、止めて、吐くときにスタートします。呼吸をコントロールすることが大切です。

頭を下げながら息を吐いてスタートする

やたべのOne Point
体内の空気が抜けるとカラダがスッと落ちていく。そこから息を吸うことでカラダが起きてくるよ

吐く

3

4

★ コツ 15 足の使いかた

カカトや足裏をつけず
足の親指を意識しよう

これが身につくと… ➔ 足の踏みこみや運びかたがわかる

★ 足先からお腹までを曲げてダッシュする

やたべの One Point

水泳ではターンをするときに足を曲げてから飛び出す。このイメージを持ってスタートするといいよ

足首、ヒザ、
股関節を曲げる

1

2

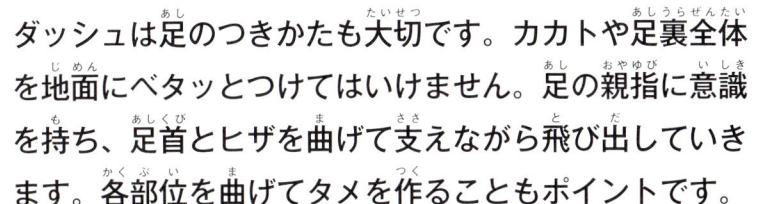

テクニック解説

動画を CHECK

ダッシュは足のつきかたも大切です。カカトや足裏全体を地面にベタッとつけてはいけません。足の親指に意識を持ち、足首とヒザを曲げて支えながら飛び出していきます。各部位を曲げてタメを作ることもポイントです。

足の親指に意識をおいて全身を支える

3

これはNG!

カカトや足裏全体を
ベタベタつけるのはNG

ダッシュが速くない選手はカカトや足裏全体が地面についたままが多い。カラダが棒立ちなので速く動けない

呼吸を整え一点集中のダッシュをめざす

これが身につくと… ➡ 「位置についてヨーイ、ドン」の一歩目のタイミング

ゴムチューブをお腹につけて引っ張る

ゴムチューブをお腹につけて引っ張ってもらう

1

テクニック解説

動画を CHECK

ダッシュは一歩目がとても大切です。スタートに一点集中できるようになるためにゴムチューブを使って練習しましょう。呼吸を整えることもできますし、カラダをコントロールできるのでダッシュ動作に集中できます。

やたべのOne Point

チューブでカラダを固めることで同じ動作を繰り返させることができる。全身がまとまり強いダッシュになるよ

ダッシュをしたときにゴムチューブを引っ張り、動作に集中させる

2

3

コツ 17 坂道ダッシュ

足を前に出して
後ろに蹴るクセをなくす

これが身につくと…➡ 足の回転力と走力が上がる

★ 坂道ダッシュで足の動かしかたをおぼえる

ヒザを柔らかく使って足を回転させる

4　**3**

テクニック解説

動画をCHECK

サッカーはカラダより前でボールをあつかう競技です。足を前に出すクセをつけるためにも坂道ダッシュは効果的です。ヒザを柔らかくして前に出せば、足が回転します。決して後ろに蹴らないよう注意しましょう。

やたべのOne Point

坂道ダッシュで頭が上下動するのは地面を蹴っているから。全身を上手に使い足の回転を上げていこう

頭を下げて各部位を曲げて足を前に出す

2

1

遠くに飛ばせる
ロングキック

　力がないと蹴ることができないと思っているロングキック。じつは間違いです。力任せに蹴っても遠くに飛ばすことはできません。また、足を大きく振りかぶろうとする人がいますが、かえってボールは飛ばなくなります。

　ロングキックは2軸の立ちかたができていることがポイントです。正しい立ちかたができて、フォームが正しければボールを飛ばすことができます。ブランコをイメージした振り子で足を動かし、軸足を速く踏み込んでしっかり止まる。そのとき姿勢がキープできていれば、ボールにパワーが伝わります（詳しくはPART4で紹介）。

　ボールが飛ぶ角度を上げるため、蹴り足の親指の上にボールを入れるようにすることも忘れないようにしましょう。

PART

4

シュート

力まかせに蹴らず 足を前に出そう

これが身につくと… ➡ 力いらずの強いシュートになる

★ 強いボールが蹴れるシュートフォーム

助走のスピードを落とさずにボールに向かっていく

やたべのOne Point

赤ちゃんが歩き始めでボールを蹴るとしたら、足を前に出すだけ。この動きが一番よい蹴りかたになるよ

1

2

テクニック解説

動画を CHECK

強いシュートをみんな打ちたいと思うでしょう。強いシュートに筋力とパワーは必要ありません。正しいカラダの使いかたがわかれば強いボールは蹴られます。大切なのは助走のスピードを落とさず足を前に出すことです。

全身が前に出るようなイメージで足を前に出していく

3

4

足を振り上げずに
コンパクトに使おう

これが身につくと… ➡ 低い弾道のシュートが打てるようになる

★ 自然に足が前に出るシュートフォーム

やたべのOne Point

ウルグアイ代表のストライカーとして活躍したルイス・スアレスのシュートがよいお手本だ

踏み込みはそれほど意識せずに、スピードを落とさないようにする

1

2

テクニック解説

軸足を踏み込んだときに、蹴る足を後ろに振り上げてはいけません。足を軽く上げ、足首と指に意識を持って前に振っていきます。重力に逆らわず、自然と全身が前に出るよう、足をまっすぐ出していきましょう。

ゴールラインに対し平行になるよう上半身を向けて足を前に出していく

3 4

足を振り上げたり
カラダをひねってはいけない

これが身につくと… ➡ ムダのないシュートフォームになる

これはOK!

足は軽く上げる だけでOK

軸足を踏み込むとき、動作をジャマしないよう蹴り足は軽く上げるだけ。それよりもスピードを落とさないように

これはNG!

後ろに大きく 振りかぶってはダメ

足を大きく振りかぶってしまうとフォームの流れが止まり、動きが不自然になってしまう

テクニック解説

小学生に多いNGなフォームは、足を後ろに大きく振り上げてしまうことと、腕をひねることです。この2つは動作がとても不自然でスムーズに蹴ることができないため、シュートミスやケガの原因となります。

これはOK!

上半身はゴール方向に平行にするイメージ

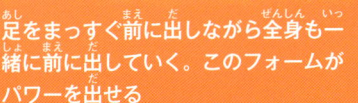
足をまっすぐ前に出しながら全身も一緒に前に出していく。このフォームがパワーを出せる

これはNG!

腕をひねるとパワーロスになる

腕や上半身をひねりながら蹴るとボールをフカしやすい。カラダへの負荷もかかりケガをしてしまう原因だ

ボールの後ろにフォロースルーを隠そう

これが身につくと… → **GKにシュートを読まれなくなる**

★ ボールに隠れるようまっすぐフォロースルー

踏み込みでは、足を振りかぶらずスピードに乗ったまま

やなべのOne Point
蹴るときに止まってしまうのではなく、走り抜けるイメージを持てば、まっすぐなフォロースルーになるよ

1

2

テクニック解説

GKとのかけ引きをしていくなかで、GKにシュートを打ったことの認識を遅らせ、遠近感を狂わす方法があります。それはボールの後ろにフォロースルーを隠すこと。足をまっすぐ前に出すことでボールが隠れます。

蹴った足をまっすぐ出すことで、ボールの後ろに足が隠れる

3

これはNG!

足が隠れないとGKに読まれやすい

フォロースルーがボールに隠れないと、GKは認識がしやすくなる。シュートコースも読まれやすい

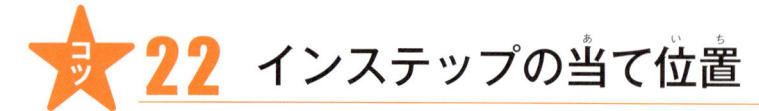

コツ22 インステップの当て位置

足を斜めから入れず
まっすぐにして当てる

これが身につくと… → パワーと正確性のあるシュートになる

★ 正しいインステップキック

やたべのOne Point

足をまっすぐにして振り抜き、そのまま走り抜けるイメージを持てば低くて速いシュートになるよ

ボールに対してまっすぐ当てるのが正しいインステップキック

テクニック解説

インステップシュートで大切なのはボールに対してのコンタクトです。左の写真のように足をまっすぐにいれましょう。多い間違いがボールに対して斜めにいれること。シュートの正確性が落ちパワーも出ません。

ボールに対して斜めにいれてはいけない

ボールに対して斜めに足をいれて蹴る選手は多い。地面を蹴ってしまうのを避けたいことも理由だとは思うが、安定性を考えるとまっすぐに足をいれたインステップシュートのほうがベストだ

これは**NG!**

足首を伸ばして足の指を意識する

ボールをインパクトする瞬間は、足首を伸ばして足の指に意識をおくようにしよう。助走のスピードを落とさず、そのまままっすぐ足を出していく蹴りかたをおぼえよう。低い弾道の速いシュートになる

コツ **23** GKとのかけ引き

コースではなく
タイミングが大事！

これが身につくと… ➡ **ゴールを決めやすくなる**

★ GKとの1対1でのシュート

GKとの1対1。GKの動きを
認識し、かけ引きをしよう

テクニック解説

動画を
CHECK

「ゴールの四隅をねらってシュートを打て！」。これはひと昔前の指導です。ゴールを決めるにはGKの逆をとること。コースではなくタイミングが大切なのです。GKを動かすことに徹して確実にゴールを奪いましょう。

やたべのOne Point

つねに姿勢をよくして、プレーをやり直しできるようにしておこう。大きなキックフェイントもいらないよ

GKがガマンしきれずに動いたら、その逆をつく

⚡24 シュートの種類①

スピードに乗ったまま シュートを打つ

これが身につくと…→ 走っているときに有効なシュートが打てる

★ まっすぐ振り抜くシュートフォーム

ボールに向かってスピードに乗ったまま足を踏み込みにいく

やたべのOne Point

蹴るときに息をスッと吐くと自然に足が出る。ボクシングで「シュッシュッ」というのと同じだよ

共和ゴム株式会社
KYOWA RUBBER Co.,LTD.

1

2

テクニック解説

動画をCHECK

ここから3つのシュートを紹介します。1つ目は走ったりドリブルしているときに、スピードに乗ったまま蹴るシュートです。ボールに向かっていきミサイルを発射するよう、蹴り足をそのままボールに当てにいくイメージです。

力をいれるのではなくしなやかに足を前に振っていく

3

4

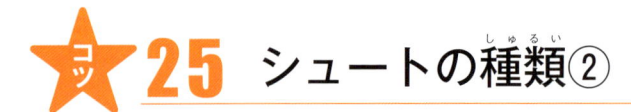

コ 25 シュートの種類②

足の振り子の動きを生かしたシュート

これが身につくと…➡ ワンステップでのシュートが打てる

★ 踏み込み幅を広げて打つシュートフォーム

軸足を遠くから踏み込み、カラダに急ブレーキをかけてパワーをためる

やたべのOne Point
軸足を遠くまたは近くから踏み込むかでキック力が変わる。踏み込み幅を遠くにしたほうが衝撃は大きくなるよ

1

2

テクニック解説

動画を
CHECK

2つ目は、足の振り子の動きを生かしたワンステップで蹴るシュートです。軸足の踏み込み幅を遠くに広げ、強い踏み込みを自然に作ります。そして、蹴り足はブランコをイメージし振り幅を大きくしてキック力を増します。

ブランコをイメージし蹴り足の振り幅を大きくし、腰でタメを作りながら足を振っていく

3

4

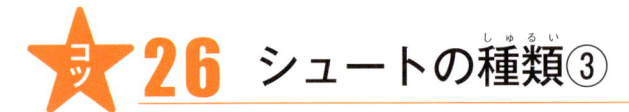

コツ 26 シュートの種類③

上から腰を落として つぶすようにシュート

これが身につくと… → ノーモーションでのシュートが打てる

★ ワンステップで蹴るシュートフォーム

軸足を踏み込んだときに腰を落としてカラダをつぶすイメージ

やたべのOne Point

ゴール前で相手とのスペースがないときに、とっさに打てるシュート。腰を落としたその反動を使うイメージだよ

1

2

テクニック解説

動画を
CHECK

3つ目は、踏み込みのときに上から腰を落としカラダをつぶすようにして、足が前に出る動きを使って蹴るシュートです。ノーステップで蹴ることができるため、とっさに蹴りたいときに足を「スッ」と出すことができます。

自然と足が前に出てくるので、そのまままっすぐボールを押し込んでいくイメージ

3

4

スピードが出る 強いシュート

　強いシュートを打つには、蹴り足がボールに衝突するときにスピードを上げることが大切です。そのためには、足の振りを速く、スイングスピードを上げる必要があります。

　フォームは、ブランコをイメージした振り子運動は変わりません。その動作に加えて、軸足を大きく踏み込みながら腰をグッと使っていきます。助走もできるだけ速く、トップスピードを保ったまま足を前に振り出していきます。

　強いシュートは、カラダが力みやすくなります。力むと当たりが悪くなり、しっかりボールをミートできません。リラックスしたなかでスイングスピードを上げていきましょう。

PART

5

ドリブル

★コツ 27　正しいドリブルフォーム①

車のハンドルの位置に
ボールの距離をとろう

これが身につくと…➡ 正しい姿勢でのドリブルになる

★ 背すじが伸びた正しいドリブル姿勢

ボールをハンドルの位置に持っていき、背すじをのばしてドリブルする

やたべのOne Point

太ももを水平くらいに上げると自然と背すじがのびる。太ももを上げることでボールも自然とハンドル位置になるよ

1
2

動画を
CHECK

テクニック解説

ボールを運んでいくのがドリブルです。大切なのは正しい姿勢でドリブルすることです。そのためには、背すじをのばし、ボールの位置をカラダの真下ではなく、前におくようにします。目安は車のハンドルの位置です。

ボールの位置はおよそ40センチ。大人だと60センチが目安だ

40センチ

3

これは**NG!**

ボールが真下だと目線が下がってしまう

ボールがカラダの真下にくると目線が下がってしまう。歩きスマホしているのと同じだ

 コツ 28　正しいドリブルフォーム②

ボールばかりを見ずに
視野を広くしよう

これが身につくと… ➡ 視野を確保しながらのドリブルになる

★ 視野を確保できているドリブル

運ぶドリブルでは、顔が上がった姿勢にならないといけない

やたべのOne Point
ボールの位置はもちろん、タッチが細かくなりすぎると顔が下がりやすくなるので気をつけよう

1

2

テクニック解説

動画を CHECK

正しい姿勢でドリブルができれば、視野を確保できます。まわりの状況を見ながらドリブルができれば、相手のプレッシャーに対応できます。ドリブルからのシュートやパスもタイミングよくおこなえます。

ボールは間接視野で見るように意識しよう

3

これはNG!

ボールばかりに気を取られてはダメ

この写真の姿勢だとまわりの状況を見ることはまったくできない。ボールばかりに気を取られてはダメ

コツ 29　ボールをタッチする場所

中指、親指、小指で
ボールをさわろう

これが身につくと… → **正確で繊細なタッチになる**

★ 中指でボールタッチ

足の甲の骨でタッチしないように。
ボールタッチが強くなってしまう

前に押し出すドリブルは
中指でタッチする

やたべのOne Point

ピアノを演奏するときは指で
鍵盤をたたくよね。サッカー
も同じで、指でさわらないと
繊細なタッチにはならないよ

テクニック解説

動画を
CHECK

ボールタッチをアバウトにしてしまう選手がいます。それは毎回違うタッチをしているのと一緒です。自分のボールタッチを確立しないといけません。繊細なタッチを身につけるためにも「指」でボールをさわりましょう。

親指でボールをタッチする

右足で左方向へ運ぶときは親指でボールをタッチしていく。親指を意識することでドリブルが雑にならない。ホウキではらうような動きをイメージしよう。運ぶドリブルだけでなく、ターンをするときもこのタッチを使う

小指でボールをタッチする

右足でボールを右方向に運ぶときは小指でタッチしていく。アウトサイドタッチというが、足の外側の面ではなく小指に意識をおくほうが正確なタッチになる。これらのタッチをするときも、正しい姿勢を保つことが大切だ

ちょこちょことタッチして 姿勢がおかしくなるのはNG

これが身につくと… ➡ 試合で使えるドリブルになる

★ よい姿勢でのドリブル

よい姿勢を意識するほうが、どんな動きにも対応できる

やたべのOne Point

落ちつきのないドリブルをしているプロはいないよ。カラダをしっかりコントロールできていることが大切なんだ

1

2

テクニック解説

動画を
CHECK

「細かくたくさんボールをさわれ」という指導されることがありますが、このドリブルは試合では通用しません。せわしないドリブルはミスの原因です。大切なのは姿勢を意識しカラダをコントロールすることです。

これは**NG!**

ボールをさわりすぎて カラダがコントロールできていない

1　**2**

一見うまそうに見えるが、目線が下がり姿勢も崩れているととっさのプレーに対応ができない。相手を抜くなどの場面では、ボールにさわるだけでなく、ボールにさわっていない時間も大事だということを知っておこう。

足首とヒザの角度を手で誘導しておぼえさせる

これが身につくと… → 足を斜めに動かすイメージがわかる

★ コーチが足の動きを手で誘導する

まずはコーチが足首とヒザの動きを、手で誘導しておぼえさせる

やたべのOne Point
股関節から動かすのは間違い。正しくは足首の関節から動かすことだ。力の入れ方をおぼえよう

1 **2**

テクニック解説

足を前にまっすぐ動かすイメージは誰でもわかりますが、ドリブルに必要な斜めに動かすイメージがわきにくい小学生がいます。イメージがわかない子には、コーチや親が手で誘導して、その動きをなぞらせましょう。

★ 自分で足の動かしかたを実践する

次に、自分で足の動きをイメージしてボールに対して動かしていこう

1　**2**

基本の4種ステップでタッチ動作をおぼえよう

これが身につくと… ➡ ナチュラルなステップ動作になる

①アウト・インのステップ

②イン・インのステップ

テクニック解説

動画を
CHECK

ドリブルはステップワークがとても大切です。ステップ動作はカラダのコントロールがポイントです。まずはナチュラルな動作をおぼえるために、ボールを使わずにステップだけをおこないましょう。

③足裏タッチのステップ

④アウト・アウトのステップ

おぼえた**ステップ**に**ボール**をくわえて練習！

これが身につくと… ➡ 試合で使えるボールタッチになる

①アウト・インのステップ

②イン・インのステップ

テクニック解説

動画を
CHECK

82ページのステップ動作をおぼえたら、その動きにボールをくわえましょう。ステップが身についていないのにおこなってしまうと、ケガをする原因にもなりますので、正しい動きを習得してから練習してください。

③足裏タッチのステップ

④アウト・アウトのステップ

絶対に取られない ドリブル

相手ディフェンダーをドリブルでかわすときにおすすめなのが、相手とボールの間に上半身を入れて、ボールが見えないように隠しながら抜いていくドリブルです。カラダを使ってボールを守ることで、取られる心配がなくなります。

PART

6

パス&トラップ

インサイドパスは骨に当てて蹴る

これが身につくと… ➡ 自然体で蹴ることができる

ボールを蹴る位置は舟状骨あたり

足の内側の骨で蹴るのが大切。部位をさわると突起のようになっている骨がある。この舟状骨あたりでインパクトするようにしよう

やたべの One Point

軸足をボールの真横に踏み込む必要はない。蹴ったあとに、次の動きに向けてその足が出やすくなることが大事だよ

足を前に出しながらボールをこすって蹴るイメージだ

3

テクニック解説

動画を CHECK

インサイドパスは必ず身につけたい技術です。味方に正確なパスを通すためには、無理なカラダの使いかたをせずに自然体で蹴られるようにしましょう。そして、インサイドの骨にしっかり当てて足を前に出していきます。

★ 足を前に出してこする

肩幅の下あたりにナチュラルに軸足を踏み込む

2　**1**

コツ 35 正しいパスのフォーム

90度、90度にした
フォームはNG！

これが身につくと… ➡ 楽に強いインサイドパスになる

これはNG！	これはOK！
足首やヒザ、股関節を90度にしない	**自然に足を前に出す蹴り方が正解！**

写真のような形を作ってインサイドパスをすると窮屈な姿勢になるので無理がある

歩きながら足を前に出していく。この動きのまま蹴るのが大切。足を前に出してこするイメージだ

テクニック解説

動画をCHECK

ひと昔前は「足首を90度に固めて蹴る」という指導がおこなわれていましたが、この蹴りかたはおすすめできません。カラダが不自然な動きになり、ケガをする原因にもなります。自然体で蹴るフォームを習得しましょう。

★ コンパクトな足の振りを意識する

やたべのOne Point

足を振り上げて蹴ろうとすると、相手にモーションが読まれてしまう。コンパクトを意識しよう

歩きながら、蹴るときに蹴り足を一瞬だけ開くというイメージ

1

2

ボールの上半分をタッチしよう

これが身につくと… ➡ ボールがハネずにしっかり止まる

★ ボールの勢いが止まるトラップ位置

やたべの One Point

ボールの上半分をタッチしながらヒザをやわらかくすれば、強いボールでもしっかり止まるよ

ボールの上半分をタッチすれば、ボールの勢いが吸収できる

これはNG!

ボールの下側をタッチしてトラップすると、ボールがハネてしまいしっかりコントロールできない

テクニック解説

動画を CHECK

トラップがハネてしまうと、次のプレーにスムーズに移れません。正確にコントロールするためには、ボールの真ん中より上の部分をタッチしましょう。ボールのエネルギーが下に向くのでしっかりおさまります。

★ インサイドトラップの流れ

止める足を準備して、ボールの上半分をタッチしてコントロール

1

2

★ コツ 37 トラップのときの姿勢

ボールを見ないで止められるようになろう

これが身につくと… → まわりを見ながらプレーができる

★ 視野を確保しながらのトラップ

ボールの状況を確認してトラップの準備

やたべのOne Point

つねに流動的にプレーをしたい。ただ止めればよいのではなく次のことを考えると顔が上がっていないといけないよ

1

2

テクニック解説

動画を
CHECK

ボールを気にするあまり顔が下がると視野がせまくなります。まわりを見ることができないため、次のプレーも遅くなり、相手に対しても無防備となります。ボールを見ないでもトラップできるようになりましょう。

顔が上がってトラップできれば、次のプレーもスムーズだ

3

これはNG!

顔が下がるとまわりが見えない

写真のように顔が下がると無防備だとわかる。相手ディフェンダーからも狙われてしまう

コツ 38 トラップの準備

前もって足を上げ
ボールを迎える

これが身につくと… ➡ 余裕を持ちながらトラップができる

★ 足を準備してからトラップの動き

味方からくるパスの、ボールの軌道を確認する

やたべのOne Point

野球のキャッチボールは、急にグラブを出さず前もってボールがくる位置にグラブを出す。これと同じだよ

1 2

テクニック解説

動画を CHECK

ボールが来た瞬間に足を出してトラップする選手がいます。これだとプレーに余裕がなくなります。前もって足を上げて準備しておくことが大切です。あらかじめ余裕を持つことでプレーに安定感が生まれます。

前もって足を準備してボールをトラップ

3

これは**NG!**

準備しておかないとむずかしくなる

一度上に上げたものを下げる動作は、重力があるので簡単だ。その逆の動作は時間がかかるしむずかしくなる

首を振るタイミング

まわりの状況を知るためにパスを受ける前に首を振る

これが身につくと… ➡ 視野の確保が自然にできる

★ 首を振るタイミングと受けるまでのプレー

パスをもらう前
に首を振る

1

2

5

ボールを受けるまでに時間
があれば、もう一度見る

6

テクニック解説

動画を CHECK

360度どこに味方や相手がいるのかを把握してプレーする必要があります。そのために「首を振る」ことは大切です。パスをもらう前に首を振って見て、パスが出されたタイミングでも見るなどしっかり意識付けましょう。

3

味方が蹴り始めたらもう一度首を振って見る

4

7

やたべのOne Point

見るべきものは相手と味方のカラダの向き。カラダが向いている方向に動きの矢印が出ているので、次に生まれるスペースがわかるよ

これはNG!

まわりを見ておかないと次のプレーにスムーズに移れない。それだけでなく相手のプレッシャーにも気づかない

★ コツ 40 止める足の当てどころ

親指、中指、小指でタッチするのが理想！

これが身につくと… → **繊細なボールタッチになる**

★ インサイドトラップは「親指」でタッチする

親指でボールをコントロールしてトラップする

やたべのOne Point

トラップは次のプレーのために動かすことが大切。ベタ止めよりもボールのエネルギーを利用して次に動かせるといいよ

テクニック解説

動画を
CHECK

トラップはインサイドだけでなく、状況によってはアウトサイドや足の甲でもタッチする場面が出てきます。このとき、アバウトにタッチするのではなく「指」に意識を持ってボールをさわりましょう。

★ インステップは「中指」でタッチする

足の甲ではなく「中指」でタッチするようにボールをコントロールする

★ アウトサイドは「小指」でタッチする

小指でボールをコントロールして次のプレーに移る

★コツ 41 トラップでのバランス

片足で立っていられる
バランス練習をしよう

これが身につくと…→ トラップ時のバランスがよくなる

肩幅の下あたりに軸足を踏み込む

足を肩幅に開き、軸となる片方の足1本で立つ。余計な力を入れず自然体で片足立ちをしよう

やたべのOne Point

軸足は強く踏み込めばよいというわけではない。カラダを支えバランスを整え、動きやすい体勢を作ろう

1

テクニック解説

トラップをするときにカラダがよろけたり、バランスを崩してしまう選手は、重心を乗せる位置がつかめていないのが原因です。バランスをよくするために、片足立ちの練習をおこないましょう。

★ 動きのなかで片足立ち

その場で足踏みをしてから、片足立をする

2

3

ボールの勢いをクッションで止める

これが身につくと… ➡ あわてず自然にトラップができる

★ 指でしっかりボールの勢いを吸収

ボールの落下地点に素早く入る

やたべのOne Point
オルゴールの針のイメージで、指でボロンとさわるとボールは止まる。足を固めずやわらかくしよう

1

2

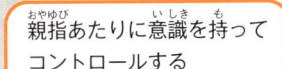

テクニック解説

動画を
CHECK

浮いたボールのトラップのミスはあわててしまうことがほとんどです。できるだけ速くボールの落下地点に入り準備をします。姿勢が悪くならないようカラダの向きに気をつけながら自然体でボールをむかえましょう。

親指あたりに意識を持ってコントロールする

3

インステップでトラップ

足の中指でボールをタッチするようにする。足先だけでボールをむかえずにヒザをやわらかく使おう

アウトサイドでトラップ

アウトサイドは小指に意識をおく。足を前もって出しておき、準備万端でコントロールする

⭐ 43 ウェッジコントロール

足首と地面のあいだに角度をつくって止める

これが身につくと… → ボールの勢いを半減させてトラップができる

★ アウトサイドを使ったウェッジコントロール

飛んできたボールの落下地点に素早く入る

やたべのOne Point

まずはバウンドさせるのか、それとも空中で処理するのかの判断を早くすることが大切。プレーの決断を早くしよう

1

2

テクニック解説（かいせつ）

動画を CHECK

浮（う）いたボールのトラップは、ノーバウンドかワンバウンドさせるかの2種類（しゅるい）です。ワンバウンドさせるとボールのエネルギーを半減（はんげん）させることができます。ボールに怖（こわ）さがあるのならバウンドさせるのがおすすめです。

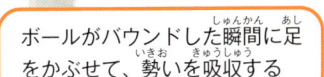

ボールがバウンドした瞬間（しゅんかん）に足（あし）をかぶせて、勢（いきお）いを吸収（きゅうしゅう）する

3

インサイドを使（つか）って ウェッジコントロール

ヒザをやわらかく使（つか）って足（あし）の角度（かくど）を斜（なな）めにして、ボールにかぶせてコントロールしよう

44 土のグラウンドのトラップ

ボールがハネやすいので足をかぶせて止めよう

これが身につくと… ➡ 土のグラウンドでボールが止められる

これはNG!

普通に足を出すとボールがハネる

イレギュラーしたボールに対して普通に足を出すと、ボールが止まらずハネてしまう

やたべのOne-Point

土のグラウンドでは、より早く足を出して準備しておこう。余裕をもってプレーすることが大切だよ

1

テクニック解説

動画を
CHECK

土のグラウンドは地面がかたいためイレギュラーをおこします。ボールが小石に当たってハネてしまうことはよくあります。ボールをしっかり止めるためには、足をかぶせてボールの斜め上をおさえるようにしましょう。

★ ウェッジコントロールをイメージする

ハネたボールは、足を斜めに角度を作りかぶせた状態で処理する

2

3

相手に圧をかける正対ドリブル

相手ディフェンダーと正対したときに有効なドリブルです。相手ディフェンダーに対してドリブルしていき、圧をかけて後ろに下げさせます。こうなると相手はカカト体重になるので足が前に出なくなります。そのタイミングで左右に抜きにかかれば完全にかわせます。

PART

7

リフティング
&
フェイント

★コツ45 ポイントはバランス力

リズムをとりながら
片足立ちをしよう

これが身につくと… ➡ バランスが崩れない体勢が作れる

★ 足踏みから片足立ちで止まる

その場でリズムよく足踏みをする

やたべのOne Point
リフティングができるようになると、マルチタスクの練習ができる。練習メニューの幅が広がるよ

1

2

テクニック解説

動画を CHECK

リフティングができるとカラダのコントロール力が上がります。まずは正しいリフティングをおぼえるための準備です。リズムをとりながら片足立ちになります。重心をしっかり乗せてバランスを崩さずに立ちましょう。

肩から左足をまっすぐにして片足立ちする

3

目をつぶって片足立ち

最初は目をつぶってその場で片足立ちをしよう。カラダをひねらずまっすぐに立つことがポイントだ

コツ 46　リフティングのイメージ①

手を広げる動作と
同時に足を広げる練習

これが身につくと…➡ 初心者がリフティングできるようになる

★ 手と足を同時に動かす練習

足踏みしながら両手を広げ、
同じタイミングで片足を上げる

やたべのOne Point

リフティングはダンスをイメージしよう。リズムをとりながらボールに合わせながらカラダを動かしていく

1

2

テクニック解説

動画を
CHECK

リフティングが苦手な子や回数が続かない子は、この練習をするとリフティングのリズム感がつかめます。手を広げたタイミングで足を上げ、手と足の動きを同調させます。まずはボールなしでおこないましょう。

★ 胸を張って姿勢よく練習

姿勢が正しくないとバランスがとれない。
しっかり胸を張って動いていく

1

2

手を広げ足を上げる動きにボールを組み合わせる

これが身につくと… ➡ リフティングの基礎動作がわかる

★ 1回リフティング

ボールを両手で持ち、離した瞬間に片足を上げてボールを蹴る

やたべのOne Point

ムダな動きをしないのでカラダがねじれたりもしない。ボールの勢いにも足が負けることがなくなるよ

1

2

テクニック解説

動画を CHECK

次は手と足の動作にボールを加えます。ボールを持って離したタイミングで片足を上げていきます。ボールをタッチしたらキャッチ。これを繰り返します。できるようになったら連続リフティングにもチャレンジしましょう。

浮いたボールを両手でしっかりキャッチする

3

足は高く上げすぎないように

足を高く上げすぎるとボールコントロールが不安定になる。姿勢も崩しやすいので注意しよう

コツ48 リフティングの姿勢

腰を曲げないよう
姿勢を正してリフティング

これが身につくと…➡ 連続リフティングができるようになる

★ 連続リフティング

胸を張って連続リフ
ティングをしていく

やたべの One Point

地面についている足はつま先重心を意識する。カカト重心にならず足の指の反動を使うイメージだ

1 → **2** →

テクニック解説

動画を
CHECK

手足を同時に動かす練習ができたら、連続リフティングにチャレンジしましょう。片足で立てるようになるとよい姿勢を保ったまま連続できます。軸足に重心が乗る感じをつかみながらリズムよくリフティングしましょう。

ボールを高く上げすぎないようタッチを調整しよう

3

これはNG!

くの字姿勢では連続できない

腰が曲がるなど姿勢が悪くなるとリフティングは続かない。姿勢が保てない人は、手足同時練習をもう一度

★ コツ 49 ボールの音とリズム感

ボールの音を意識させ
リズムよくおこなおう

これが身につくと… ➡ **カラダのコントロールができる**

★ カラダをコントロールする

足先だけでなくカラダを使ってリフティングする

やたべの One Point

リフティングができると、プレー中にミスしたときのリカバリーやボールへの反応が素早くできるようになるよ

1

2

テクニック解説

リフティングでボールをさわるときに息を吐く意識を持とう。息を吐くことで足が自然と出ます。そして、タッチの「音」を感じながらリズミカルにおこないます。カラダのコントロールができれば永遠と続けられます。

★ 1、2年生なら20回を目標に!

小学生低学年なら、まずは20回を目標にリフティングできるように頑張ろう

コツ50 フェイント①

またいでロールをして前に抜いていく

★ ヨコからタテに動いていくフェイント

1 真ヨコに動くようにボールをまたぐ

2

5 ボールをタッチしロールしていく

6

テクニック解説

動画を CHECK

ボールをまたいでからロールでボールをスライドさせ、
逆足のインサイドでタッチして前に抜くフェイントです。
自分より大きく足が長い相手を抜いていくときに有効な
フェイントで、ヨコから直角にタテに抜きましょう。

斜め前に進まないように気をつけよう

タテに抜くときは思いきりが大切だ

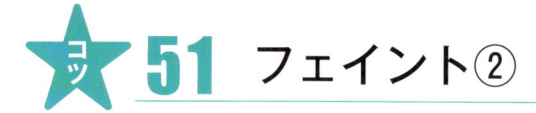

スペースがなくても相手をかわせるフェイント

これが身につくと… ➡ 巧みなボールさばきで相手を抜ける

★「シザース・ファルカン・ファルカン」フェイント

1 **2**

外へのシザースをしながら左足でボールを内側にタッチ

5 **6**

左足を戻してボールをタッチしながら右足でシザース

テクニック解説

動画を
CHECK

有名なフットサル選手であるファルカンが得意としていた「ファルカン・フェイント」を連続させたフェイントです。相手の動きをしっかり見て、よい姿勢で、丁寧にフェイントをくり出していくのがポイントです。

右足でタッチしながら
左足で内側にシザース

左足でタッチしたあと、右足の
アウトタッチで抜いていく

●監修

谷田部 真之助（やたべ しんのすけ）

帝京高校在学時にブラジルへのサッカー留学を経験
後、ケガのため指導者となる。チーム指導（小学
生・中学生・高校生）を大学在学時から経験。同時
に、サッカーの個人レッスンを開始。現在もサッカ
ー家庭教師として幅広く活動中。

選手歴　・帝京高校サッカー部
　　　　・アメリカF.C（ブラジル）
　　　　・クリシューマE.C（ブラジル）
指導歴　・浦和SC（中学生・高校生）
　　　　・さいたま市内少年団コーチ
　　　　　（小学生低学年～高学年）
日本サッカー協会C級コーチライセンス取得

●モデル

Youtube
サッカー個人レッスン
サッカー家庭教師：谷田部
https://www.youtube.com/
@yatabeshinnosuke/featured

Instagram
ssyatabe
https://www.instagram.
com/ssyatabe/

谷田部の
サッカー合宿
https://yatabe-camp.com/

サッカー家庭教師HP
http://soccer-kateikyousi.com/

オンラインスクールの
種類や内容案内
https://lin.ee/CFNug5C

サッカー家庭教師
最新情報＆お問合せ
https://lin.ee/5ICZguo

STAFF
◎編集・取材・構成／株式会社多聞堂
◎写真撮影／齋藤 豊
◎動画撮影／永井俊士
◎デザイン／田中図案室
◎J-SOCIETY FOOTBALL PARK 調布

10歳までに差がつく！サッカー 「超実践」上達レッスン 動画でわかるスキルと練習のコツ

2024 年 12 月 25 日　　第 1 版・第 1 刷発行
2025 年 7 月 5 日　　第 1 版・第 3 刷発行

監　修　　谷田部 真之助（やたべ　しんのすけ）
発行者　　株式会社メイツユニバーサルコンテンツ
　　　　　代表者　大羽 孝志
　　　　　〒 102-0093 東京都千代田区平河町一丁目 1-8
印　刷　　株式会社厚徳社

ご意見・ご感想はホームページから承っております。
ウェブサイト　https://www.mates-publishing.co.jp/

企画担当：堀明研斗